Ha

La dématérialisation des procédures de passation des marchés publics

Hamidou Gassimbe

La dématérialisation des procédures de passation des marchés publics

cas de la procédure de réception des dossiers de candidature

Éditions universitaires européennes

Mentions légales / Imprint (applicable pour l'Allemagne seulement / only for Germany)
Information bibliographique publiée par la Deutsche Nationalbibliothek: La Deutsche Nationalbibliothek inscrit cette publication à la Deutsche Nationalbibliografie; des données bibliographiques détaillées sont disponibles sur internet à l'adresse http://dnb.d-nb.de.
Toutes marques et noms de produits mentionnés dans ce livre demeurent sous la protection des marques, des marques déposées et des brevets, et sont des marques ou des marques déposées de leurs détenteurs respectifs. L'utilisation des marques, noms de produits, noms communs, noms commerciaux, descriptions de produits, etc, même sans qu'ils soient mentionnés de façon particulière dans ce livre ne signifie en aucune façon que ces noms peuvent être utilisés sans restriction à l'égard de la législation pour la protection des marques et des marques déposées et pourraient donc être utilisés par quiconque.

Photo de la couverture: www.ingimage.com

Editeur: Éditions universitaires européennes est une marque déposée de
Südwestdeutscher Verlag für Hochschulschriften GmbH & Co. KG
Dudweiler Landstr. 99, 66123 Sarrebruck, Allemagne
Téléphone +49 681 37 20 271-1, Fax +49 681 37 20 271-0
Email: info@editions-ue.com

Agréé: Lille1, Université des Sciences et Technologies, 2008

Produit en Allemagne:
Schaltungsdienst Lange o.H.G., Berlin
Books on Demand GmbH, Norderstedt
Reha GmbH, Saarbrücken
Amazon Distribution GmbH, Leipzig
ISBN: 978-613-1-59347-5

Imprint (only for USA, GB)
Bibliographic information published by the Deutsche Nationalbibliothek: The Deutsche Nationalbibliothek lists this publication in the Deutsche Nationalbibliografie; detailed bibliographic data are available in the Internet at http://dnb.d-nb.de.
Any brand names and product names mentioned in this book are subject to trademark, brand or patent protection and are trademarks or registered trademarks of their respective holders. The use of brand names, product names, common names, trade names, product descriptions etc. even without a particular marking in this works is in no way to be construed to mean that such names may be regarded as unrestricted in respect of trademark and brand protection legislation and could thus be used by anyone.

Cover image: www.ingimage.com

Publisher: Éditions universitaires européennes is an imprint of the publishing house
Südwestdeutscher Verlag für Hochschulschriften GmbH & Co. KG
Dudweiler Landstr. 99, 66123 Saarbrücken, Germany
Phone +49 681 3720-310, Fax +49 681 3720-3109
Email: info@editions-ue.com

Printed in the U.S.A.
Printed in the U.K. by (see last page)
ISBN: 978-613-1-59347-5

Copyright © 2011 by the author and Südwestdeutscher Verlag für Hochschulschriften GmbH & Co. KG and licensors
All rights reserved. Saarbrücken 2011

Hamidou Gassimbe

La dématérialisation des procédures de passation des marchés publics

cas de la procédure de réception des dossiers de candidature

Éditions universitaires européennes

Mentions légales / Imprint (applicable pour l'Allemagne seulement / only for Germany)
Information bibliographique publiée par la Deutsche Nationalbibliothek: La Deutsche Nationalbibliothek inscrit cette publication à la Deutsche Nationalbibliografie; des données bibliographiques détaillées sont disponibles sur internet à l'adresse http://dnb.d-nb.de.
Toutes marques et noms de produits mentionnés dans ce livre demeurent sous la protection des marques, des marques déposées et des brevets, et sont des marques ou des marques déposées de leurs détenteurs respectifs. L'utilisation des marques, noms de produits, noms communs, noms commerciaux, descriptions de produits, etc, même sans qu'ils soient mentionnés de façon particulière dans ce livre ne signifie en aucune façon que ces noms peuvent être utilisés sans restriction à l'égard de la législation pour la protection des marques et des marques déposées et pourraient donc être utilisés par quiconque.

Photo de la couverture: www.ingimage.com

Editeur: Éditions universitaires européennes est une marque déposée de
Südwestdeutscher Verlag für Hochschulschriften GmbH & Co. KG
Dudweiler Landstr. 99, 66123 Sarrebruck, Allemagne
Téléphone +49 681 37 20 271-1, Fax +49 681 37 20 271-0
Email: info@editions-ue.com

Agréé: Lille1, Université des Sciences et Technologies, 2008

Produit en Allemagne:
Schaltungsdienst Lange o.H.G., Berlin
Books on Demand GmbH, Norderstedt
Reha GmbH, Saarbrücken
Amazon Distribution GmbH, Leipzig
ISBN: 978-613-1-59347-5

Imprint (only for USA, GB)
Bibliographic information published by the Deutsche Nationalbibliothek: The Deutsche Nationalbibliothek lists this publication in the Deutsche Nationalbibliografie; detailed bibliographic data are available in the Internet at http://dnb.d-nb.de.
Any brand names and product names mentioned in this book are subject to trademark, brand or patent protection and are trademarks or registered trademarks of their respective holders. The use of brand names, product names, common names, trade names, product descriptions etc. even without a particular marking in this works is in no way to be construed to mean that such names may be regarded as unrestricted in respect of trademark and brand protection legislation and could thus be used by anyone.

Cover image: www.ingimage.com

Publisher: Éditions universitaires européennes is an imprint of the publishing house
Südwestdeutscher Verlag für Hochschulschriften GmbH & Co. KG
Dudweiler Landstr. 99, 66123 Saarbrücken, Germany
Phone +49 681 3720-310, Fax +49 681 3720-3109
Email: info@editions-ue.com

Printed in the U.S.A.
Printed in the U.K. by (see last page)
ISBN: 978-613-1-59347-5

Copyright © 2011 by the author and Südwestdeutscher Verlag für Hochschulschriften GmbH & Co. KG and licensors
All rights reserved. Saarbrücken 2011

UNIVERSITE DES SCIENCES ET TECHNOLOGIES DE LILLE

Master E-services EAD
Promotion 2006-2008

La dématérialisation des procédures de passation des marchés publics

—

cas de la procédure de réception des dossiers de candidature

Par M. Hamidou GASSIMBE

15 mai 2008 au 2 septembre 2008

Responsable universitaire : M. Xavier Le Pallec

Responsable entreprise : Dr Paul KABORE

Références Entreprise

Direction Générale des Marchés Publics

01 BP 6444 Ouagadougou 01 Burkina Faso

Tél. +226 50 32 47 75

Fax. +226 50 31 20 25

E-mail : infos@dcmp.bf

RESUME

Le cadre institutionnel de « passation des marchés publics et de délégation des services publics au Burkina Faso » a introduit une nouvelle donne à travers le nouveau « décret portant réglementation générale des marches publics et des délégations des services publics au Burkina Faso ». En effet, la nouvelle réglementation permet de *dématérialiser les procédures de passation des marchés publics* sous certaines conditions. Elle désigne la Direction Générale des Marchés Publics (DGMP) comme un organe intervenant dans la chaîne de passation et de gestion des marchés publics. Cette nouvelle donne a emmené la DGMP à envisager la mise en place d'outils informatiques pour dématérialiser certaines procédures prévues par la réglementation.

Nous avons proposé à cette direction de réfléchir sur ce thème « *dématérialisation des procédures de passation des marchés publics* » dans le cadre de notre stage de fin de formation. En effet, le Master E-services EAD, organisé par l'Université des Sciences et Technologies de Lille (USTL) et l'Agence Universitaire de la Francophonie (AUF), introduit un stage d'une durée allant de quatre (4) à cinq (5) mois. C'est donc dans ce contexte que nous avons eu l'opportunité de travail sur le thème de dématérialisation, qui a été accepté par l'Université des Sciences et Technologies de Lille comme sujet de stage de fin de formation.

Pour aborder le sujet, nous avons commencé par cadrer le sujet à travers : la définition claire de la problématique, des objectifs, du positionnement du sujet dans les processus métiers de la DGMP, des contraintes et des acteurs.

Ensuite, une méthode et des technologies adéquates ont été retenues. Nous avons opté pour une démarche en quatre (4) phases inspirée du processus unifié (UP). Elle utilise UML comme langage de description et de modélisation. J2EE était la plateforme de développement pour des raisons que vous trouverez plus loin dans le rapport.

Au bout des quatre (4) mois de stage, nous sommes arrivés à proposer à la DGMP une plateforme web permettant, entre autres possibilités, de réceptionner par voie électronique les dossiers de candidatures des soumissionnaires aux appels d'offres. Aussi avons-nous pu proposer un outil Swing de chiffrement et de signature de document. Nous l'avons nommé UICrypto pour « graphic User Interface for Cryptography ». Il pourra être mis à la disposition des soumissions pour une utilisation hors-connexion.

Ces deux outils permettront à la DGMP d'envisager dématérialiser la réception des offres.

TABLE DES MATIERES

SIGLES ET ABREVIATIONS

AUF	Agence Universitaire de la Francophonie
AC	Autorité de Certification
CAI	Centre d'Accès A l'Information
CAO	Commission d'Attribution des Offres
CIR	Circuit Intégré des Recettes
CNF	Campus Numérique Francophone
DES	Data Encryption Standard
DGMP	Direction Générale des Marchés Publics
DGSI	Direction Générale des Services Informatiques
DGTCP	Direction Générale du Trésor et de la Comptabilité Publique
EAD	Enseignement A Distance
FOAD	Formation A Distance
IDE	Environnement de Développement Intégré
JSF	Java Server Faces
MEF	Ministère de l'Economie et des Finances
MPTIC	Ministère des Postes et des Technologies de l'Information et de la Communication
SIMP	Système d'informations Intégré des Marchés Publics
UEMOA	Union Economique Monétaire Ouest Africaine
UICrypto	graphic User Interface for Cryptography
UML	Unified Modeling Language
USTL	Université des Sciences et Technologies de Lille

LISTE DES FIGURES

INTRODUCTION

"Les E-services sont les services accessibles au travers des moyens de communications numériques (e-commerce, e-learning, e-administration...)"[1]. Le master E-services de l'Université des Sciences et Technologies de Lille (France) forme aux technologies associées à ce domaine. *"Cette spécialité est ouverte aux étudiants titulaires d'un diplôme Bac+4 en informatique ou équivalent en expérience professionnelle".* La formation se déroule en trois semestres couronnés par un stage de fin d'étude allant de quatre (4) à cinq (5) mois.

L'objectif de ce stage est de permettre aux étudiants de mettre en œuvre les connaissances et compétences acquises durant de la formation ; d'acquérir des compétences professionnelles dans le milieu de l'entreprise.

Il y a deux ans, j'ai proposé à la Direction Générale des Marchés Publics du Faso, dans le cadre d'un projet d'appui à la mise en ligne de l'administration burkinabé, une plateforme web de suivi du traitement des dossiers des fournisseurs de l'Etat burkinabé[2]. A cette période, la DGMP a lancé le projet de développement du Système d'informations Intégré des Marchés Publics (SIMP). Le SIMP est actuellement achevé, l'une des perspectives est de proposer une solution de dématérialisation de certaines procédures de passations des marchés publics afin de répondre aux recommandations de la nouvelle réglementation de l'UEMOA adoptée par le Burkina Faso. En accord avec la DGMP, le groupe de projet SIMP et la Direction Générale des Services Informatiques (structure coordinatrice des projets informatiques du Ministère de l'Economie et de Finances), j'ai choisi de réfléchir sur le thème « **dématérialisation des procédures des passations des marchés publics** ». Soulignons que le travail a surtout porté sur la dématérialisation de la réception des dossiers de candidatures aux appels d'offres à la concurrence, qui préoccupait en priorité la DGMP.

Le présent document est une synthèse de mes travaux durant les quatre mois de stage.

---

[1] Extrait du site http://webgi.fil.univ-lille1.fr/portail/E-Services/Formation
[2] Voir http://www.dcmp.bf/SiteDcmp/espace-fournisseurs/index.jsp

1 - CONTEXTE DU STAGE

1.1 – L'Agence Universitaire de la Francophone et la Formation A Distance

L'Agence Universitaire de la Francophonie développe l'usage des technologies de l'information et de la communication dans l'enseignement supérieur des pays membres de l'Organisation Internationale de la Francophonie, notamment à travers son programme « soutien des TIC au développement de l'enseignement supérieur et de la recherche ». A travers ces Campus Numériques Francophones (CNF) et ces Centres d'Accès à l'Information (CAI), l'AUF propose en partenariat avec les universités du Sud, du Nord et de l'Est, des Formations A Distance (FOAD) aux profits des étudiants et travailleurs. Le Master E-services EAD 2006-2008 s'inscrit dans ce cadre. Par le bais du campus numérique francophone de Ouagadougou (Burkina Faso), j'ai pu prendre part à cette formation qui s'achève par la rédaction du présent rapport de stage.

1.2 – La structure d'accueil - DGMP

J'ai été accueilli à la Direction Générale des Marchés Publics du Faso pour ce stage. C'est une structure du Ministère de l'Economie et de Finances du Burkina Faso. D'abord Office Nationale de Marchés Publics puis Direction Centrale des Marchés Publics avant de prendre la dénomination actuelle de Direction Générale des Marchés Publics en 2007, la DGMP est l'organe nationale de contrôle de la gestion des contrats d'achats publics, elle est chargée :

- d'éditer et de diffuser les documents et les textes portant sur la passation des marchés aux fins d'information et de sensibilisation des acteurs de l'achat public sur la réglementation ;
- de conseiller les administrations dans la passation des marchés par une sage politique de prévention des différends et litiges;
- d'apporter un appui technique aux administrations depuis la préparation des dossiers d'appel d'offres jusqu'à la réception définitive des prestations;
- d'assurer le contrôle de régularité, sous toutes ses formes, de la passation des marchés ;
- de proposer les adaptations et réformes nécessaires.

La Direction Générale des Marchés Publics assure par ailleurs le secrétariat permanent de la Commission de règlement amiable des litiges.

(Voir http://www.dcmp.bf/SiteDcmp/dcmp/historique.html pour plus de détails)

1.3 – Cadrage du projet

1.3.1 - Problématique

Le Ministère de l'Economie et des Finances (MEF) du Burkina Faso est un instrument d'impulsion de la politique économique, financière, budgétaire et de régulation de l'activité économique du pays. Il exerce dans ses attributions, l'essentiel des fonctions régaliennes sous la conduite du Ministre de l'Economie et des Finances.

Les conditions de passation des marchés publics, sous la responsabilité de la Direction Générale des Marchés Publics du MEF connaissent diverses évolutions afin de s'adapter aux nouveaux enjeux sociopolitiques, économiques et financiers de plus en plus croissants et complexes. Cette réadaptation du contenu des textes au fil du temps, s'accompagnera de mutations des organes chargés de la gestion des marchés publics et de *mise en place d'outils informatiques* : d'abord un site web pour les marchés publics où sont publiés périodiquement les avis d'appels d'offres et les textes relatifs aux marchés publics, un Système d'information Intégré des Marchés Publics en déploiement. Une des perceptives du projet chargé du développement du logiciel SIMP était la *dématérialisation des procédures de passations des marchés publics.*

Il s'agissait concrètement, d'offrir la possibilité aux entreprises de postuler aux avis d'appels d'offre depuis Internet de façon sécurisée. Une plateforme web et des outils tiers pour la dématérialisation était envisagée.

1.3.2 - Objectif principal du projet

Le projet « dématérialisation des procédures de passation des marchés publics » à pour but d''offrir une solution électronique aux fournisseurs burkinabés, africains et internationaux d'avoir accès à certains services de la Direction Générale des Marchés Publics du Burkina Faso. C'est-à-dire la *soumission des dossiers d'appel d'offres via Internet.*

Ce projet aboutira à une plateforme web à travers laquelle les dits services seront accessibles de façon sécurisée dont l'intérêt est d'éviter les déplacements des fournisseurs, en particulier les fournisseurs hors de capital burkinabé, pour avoir accès au service de la DGMP. Ce qui constituera un gain important en temps et financier (plus de déplacement) pour le fournisseur et une modernisation de l'administration burkinabé.

Dématérialisation des procédures de passation des marchés publics

1.3.3 - Positionnement dans le processus métier

La DGMP a trois grands processus que sont : « élaboration et adoption des plans de passation », « élaboration et publication des DAO[3] à la concurrence et publication », « vente/remise des DAO aux fournisseurs », « élaboration de dossiers de demande de prix », « Demande de report » et « **réception des offres** ». Notre travail s'inscrit dans le dernier processus métier (**réception des offres**). Nous l'appellerons « **réception électronique des offres** ».

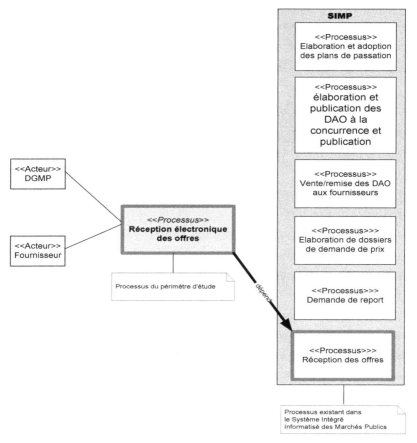

Figure 1 : positionnement du processus métier

---

[3] Dossier d'Appels d'Offre

1.3.4 - Acteurs et rôles du projet

Les principaux acteurs dans ce projet sont :

- *le groupe de pilotage :* le Directeur Générale des Marchés Publics et le Directeur Général des Services Informatiques étaient l'organe exécutif dans le projet.
- *le groupe utilisateur du back-office :* le personnel de la Direction Générale des Marchés Publics du Burkina Faso a constitué le groupe utilisateur du back-office de la solution à mettre en place.
- *le groupe utilisateur du front-office :* les fournisseurs (internautes) étaient les utilisations du front-office, ils ont été consultés afin d'avoir leur point de vue sur les fonctionnalités proposés par la plateforme et sur les moyennes mises en place pour offrir le service (aspect des pages, utilisabilité, mode de sécurité…)
- *le groupe de réalisation :* il était constitue du Dr KABORE Paul (l'encadreur) et de Hamidou GASSIMBE (l'étudiant), ces deux personnes ont constitué la cheville ouvrière et ont fait les propositions techniques mis en œuvre.

1.3.5 - Contraintes

i - Techniques

Conformément à la nouvelle réglementation, tous les DAO à la concurrence, les avis de demande de prix, les dossiers de candidatures doivent être singés électroniquement. Les échanges serveurs-browser se feront toujours en protocole sécurisé (https).

ii - Accès à l'application et interface utilisateur

L'accès au back-office de la plateforme web est exclusivement réservé aux acteurs internes (DGMP, DEP), ce back-office sera accessible dans le réseau Intranet de l'administration publique burkinabè. L'ergonomie du back-office devra tendre vers les applications existantes afin de ne pas rompre avec les habitudes des utilisateurs.

Quant au front-office, il sera accessible depuis Internet et conçu comme un site web intuitive et facile à utiliser.

3 - DEMARCHE ET TECHNOLOGIE UTILISEES

3.1 - La démarche

La méthodologie dans la conduite d'un projet informatique est un élément clé de réussite, inspirée du Processus Unifié (UP), nous avons utilisé une démarche en quatre (4) phases. Elle introduit des éléments du langage UML :

- pour la découverte des besoins : les uses cases, un diagramme de navigation ;
- dans la modélisation : un diagramme de use case, un diagramme de séquence système, un diagramme de classes participantes, un diagramme d'interaction, un diagramme de classes de conception, et un diagramme de classes de conception).

NB : Il est possible de passer d'une phase inférieure à la supérieure immédiate pour des corrections.

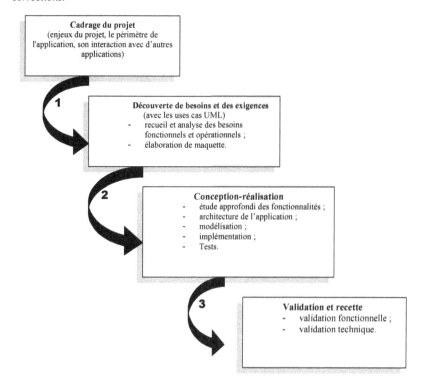

Figure 2 : démarche adoptée

3.2 - Le planning

Le planning adopté se résume au schéma ci-après.

Phase	Etapes	Période
Cadrage du projet		du 15 mai au 19 mai 2008
Découverte de besoins et des exigences	- recueil et analyse des besoins fonctionnels et opérationnels ; - élaboration de maquette.	du 20 mai au 19 juin 2008
Conception-réalisation	- étude approfondi des fonctionnalités ; - architecture de l'application ; - modélisation ; - implémentation ; - tests.	du 20 juin au 24 août 2008
Validation et recette	- validation fonctionnelle ; - validation technique.	du 25 août au 29 août

Figure 3 : tableau du planning prévisionnel du projet

3.3. – Les choix technologiques

3.3.1 – La plateforme J2EE

La plateforme J2EE (Java 2 Entreprise Edition) a été retenue comme plateforme de développement de la solution de dématérialisation des procédures de passations des marchés publics. J2EE est aujourd'hui un standard et une référence dans le domaine du développement des systèmes d'information d'entreprise. Cette plateforme basée sur le langage Java bénéficie de tous les avantages de ce langage. Il a été choisi car il s'agit non seulement d'une solution éprouvée mais aussi parce que le site web et l'application web « espace-fournisseur » de la DGMP tourne sous une plateforme J2EE. La DGMP qui souhaite un environnement homogène n'a trouvé aucun inconvénient dans ce choix. Cependant, l'utilisation des EJB

n'était pas envisageable car cela nécessiterait un conteneur EJB. En effet, Apache Tomcat 5.5 est actuellement le conteneur web utilisé. Une application web pouvant se déployer sans inconvénient sur ce conteneur web était la plus souhaitée.

3.3.2 – L'Environnement de Développement Intégré (EDI)

L'EDI (Environnement de Développement Intégré) utilisé était Eclipse. Eclipse est à l'origine un IDE Java développé par IBM à partir de ses ancêtres Visual Age et Visual Age For Java. Il a depuis été rendu open-source et son évolution est maintenant gérée par la fondation Eclipse.

3.3.3 – Les frameworks Spring, JSF, Hibernate

Spring est un framework léger permettant de mettre en œuvre des composants logiciels avec un coupable faible. Il a été utilisé pour trois raisons :

- *mieux gérer les transactions*, par expérience, sans cette framework les transactions sont gérées dans la couche d'accès aux données (DAO). Spring permet de gérer les transactions dans la couche service. Ainsi, on peut imbriquer autant qu'on le veut les appels des méthodes de la couche DAO dans des contextes transactionnelles. De plus Spring intègre la notion de propagation de transaction qui permet aux différents composants de bénéficier du même contexte transactionnel ;
- *gérer plus finement la sécurisation des ressources* (pages, objets) à l'aide de Spring-security (évolution d'ACEGI) ;
- *avoir un couplage faible* entre les différents composants logiciels grâce aux aspects inversion de contrôle (IoC) et injection de dépendances(IoD) de Spring ;

Java Server Face (JSF) est une spécification permettant de mettre en œuvre la logique présentation des applications web d'entreprise dans le mode J2EE.

Hibernate a été adopté pour l'implémentation de la couche d'accès aux données. Il a été utilisé parce qu'il s'agit du framework de mapping objet-relation la plus utilisée actuellement, mais aussi parce que nous avons une bonne expérience dans son utilisation.

Ce stage était l'occasion pour moi de mettre en pratique ce que j'avais appris durant le Master E-services. C'était aussi l'occasion d'expérimenter de nouvelles technologies dans le cadre d'un projet. Spring et JSF sont de nouveaux frameworks que j'ai voulus personnellement expérimenter, c'est la première motivation de leur choix.

3.3.4 – La technique de chiffrement et les certificats

Les dossiers de candidatures des soumissionnaires aux avis d'appels d'offres ne doit pas d'être illisible avant les dates de dépouillement. Pour ce faire le « chiffrement par clé symétrique » a été retenu pour assurer cette fonction. Il a été préféré au « chiffrement par clé asymétrique » pour : sa rapidité ; l'utilisation d'une clé unique pour le chiffrement et le déchiffrement. L'algorithme utilisé pour le chiffrement symétrique est DES (Data Encryption Standard).

La classe des certificats électroniquement, leurs formats, leur origine (AC) a été laissée à la discrétion de la DGMP.

3.3.5 – Le SGBD PostGreSQL

PostgreSQL est un système de gestion de base de données relationnel et objet. Il est libre et doté d'une licence de type BSD qui autorise la DGMP à l'utiliser sans aucun frais particulier. Elle possède les caractéristiques suivantes :
- elle est conforme aux normes ANSI SQL 89, SQL 92 (SQL 2), SQL 99 (SQL 3) et SQL 2003 ;
- elle fonctionne sur pratique sur tous les systèmes d'exploitation (Linux, Windows, MAC OS) ;
- elle bénéficie d'une bonne notoriété de robustesse.

Néanmoins, à travers l'utilisation du framework de persistance hibernate, nous pourrons garantir que le futur système sera totalement indépendant de ce SGBD et pourra donc être remplacé par une autre base si le besoin se faisait sentir, et cela sans modification aucune.

3.4 – Un mot sur UML (Unified Modeling Language)

UML est un langage pour spécifier, visualiser, construire et documenter les artéfacts d'un système logiciel. Il est intentionné indépendant de tout processus de développement. Le concepteur ou l'organisation peut choisir le processus de développement qui lui convient. Toutefois, les auteurs d'UML conseillent l'utilisation d'un processus dirigé par les cas d'utilisation, centré architecture, itératif et incrémental. Nous avons utilisé UML parce que nous avons une bonne expérience dans son utilisation, et aussi pour une adéquation avec les caractéristiques du langage java (purement objet). La pluralité des outils de modélisation visuels (ModelMaker, Omondo, Entreprise Architecte, PowerAMC…) autour d'UML est un atout qui a aussi motivé son choix.

4 - ETAT DES LIEUX

4.1 – La passation des marchés selon la nouvelle réglementation.

Les processus clés illustrés dans le schéma ci-dessous interviennent dans les passations des marchés.

- en début d'année les plans de passation sont élaborés par chaque Direction des Etudes et de la Planification (DEP), ces plans sont transmis à la DGMP pour adoption ;
- en cours d'année des dossiers d'appels d'offres à la concurrence sont élaborés par les DEP en collaboration avec la DGMP. Ces dossiers sont publiés dans la revue des marchés publics et sur le site web de la DGMP. Dans certains cas, des dossiers de demandes de pris sont élaborés et publiés avant l'élaboration des dossiers d'appels d'offres à la concurrence ;
- les dossiers de candidatures sont réceptionnés par la DGMP. Une commission d'attribution des offres (CAO) siège pour le dépouillement. Les résultats sont ensuite publiés dans la revue des marchés publics et sur le site web de la DGMP ;
- un contrat est élaboré pour l'exécution et le suivi du marché.

Les schémas décrivent l'enchainement chronologique des processus du domaine d'étude, en bleu le processus qui a concerné notre travail.

Dématérialisation des procédures de passation des marchés publics

Figure 4 : processus métier du domaine d'étude

La nouvelle réglementation indique explicitement deux modes de réception possible des candidatures. Les dossiers peuvent être déposés physiquement à la DGMP. Les dossiers peuvent également être transmis par voie électronique si l'infrastructure existe. Actuellement, seule la réception physique des dossiers est possible.

4.2 - Le Système d'informations Intégré des Marchés Publics (SIMP)

SIMP est une application 3-tiers développée sous oracle forms 10g, elle tourne sous Oracle Application Server 10g et une base de données Oracle 10g. C'est une nouvelle application mise en production depuis juin 2008. Elle a permis d'automatiser tous les processus clés présentés dans la figure 4. Le workflow ci-après décrit l'enchaînement des activités intervenant dans la réception des plis.

Figure 5 : workflow du processus actuel de réception des offres

5 – CADRE JURIDIQUE DES MARCHES PUBLICS ET SIGNATURE NUMERIQUE

5.1 - Les dispositions de la nouvelle réglementation

Au Titre IV, chapitre I, article 195 du nouveau « décret N°173/PRES/PM/MEF, portant réglementation générale des marchés publics et de la délégation des services publics », il est écrit : « en application du principe de la <u>dématérialisation des procédures de passation des marchés publics</u> et des délégations de service public, définie à l'article 1er point 17 du présent décret, <u>les échanges d'informations peuvent faire l'objet de transmission par moyen électronique</u> dans les conditions ci-dessous... »

« <u>Les outils utilisés pour communiquer par des moyens électroniques</u>, ainsi que leurs caractéristiques techniques, doivent avoir <u>un caractère non discriminatoire</u>, être couramment à la disposition du public et compatibles avec les technologies d'information et de communication généralement utilisées... »

« Sauf dispositions contraires prévues dans l'avis, les candidatures et <u>les offres peuvent également être communiquées à l'Autorité contractante par moyen électronique</u>, qui s'assure <u>de l'authenticité de la transmission</u> par tout moyen approprié et dans des conditions déterminées par arrêté du ministre en charge du budget... »

« Les communications, les échanges et le stockage d'informations sont faits de manière à assurer que <u>l'intégrité des données et la confidentialité des offres et des demandes de participation soient préservées de sorte à ce que les Autorités contractantes ne prennent connaissance du contenu des offres ainsi que des demandes de participation qu'à l'expiration du délai prévu pour la présentation de celles-ci</u>... ».

Ces extraits de la nouvelle réglementation « portant réglementation générale des marches publics et des délégations de service public au Burkina Faso » stipulent que pour la dématérialisation, il faut :
-   des outils à caractère non discriminatoire et couramment à la disposition du public et compatibles avec les technologies d'information et de communication généralement utilisées ;

- des moyens appropriés assurant l'authenticité, l'intégrité et la confidentialité des informations échangées ;
- des moyens techniques qui préservent la confidentialité des offres jusqu'à la date de dépouillement.

5.2 – La signature numérique

La technologie utilisée actuellement pour substituer la signature manuscrite en donnant de la valeur juridique à un document électronique est la signature numérique. On appose une signature numérique sur un document électronique à l'aide d'un logiciel adéquat et d'un certificat numérique.

Au Burkina Faso, il existe un vide juridique sur l'adoption de la signature numérique. Des travaux sont en cours par le ministère en charge des Postes et des Technologies de l'Informations et de la Communication du Burkina Faso. L'utilisation de la signature numérique dans le cadre de la dématérialisation ne pourra être une réalité qu'avec sa reconnaissance juridique par le Burkina Faso. Ce qui n'empêche de proposer des outils utilisant cette technologie, qui à court terme sera adoptée.

6 - REALISATION

La réalisation s'est effectuée conformément à la démarche adoptée : une étude détaillée des besoins à travers un diagramme de use case, un diagramme de séquence pour chaque use case, un diagramme d'enchaînement des pages web, un diagramme d'activité pour décrire le workflow, un diagramme de classe conceptuelle et un diagramme de clase d'implémentation. Plusieurs retours en arrière pour raffiner et corriger les modèles ont été nécessaires.

Nous avons choisi de vous présenter quelques modèles relatifs à la vue dynamique et la vue statique de la solution.

L'architecture logicielle adoptée est également un élément clé de la solution et nous la présenterons dans la suite du document.

6.1 - La vue dynamique de la solution

Le workflow (diagramme d'activité UML) ci-après présente l'enchaînement des activités du processus « réception électronique des offres ».

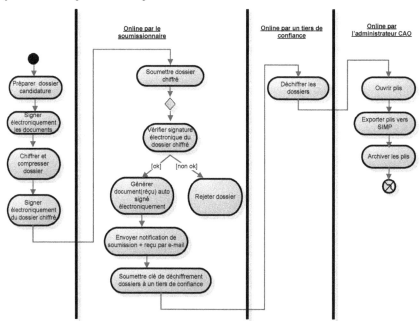

Figure 6 : diagramme d'activités "réception électronique des offres"

Dématérialisation des procédures de passation des marchés publics

Le schéma suivant montre les différents états des documents composants une candidature : de la préparation des documents par le soumissionnaire au dépouillement.

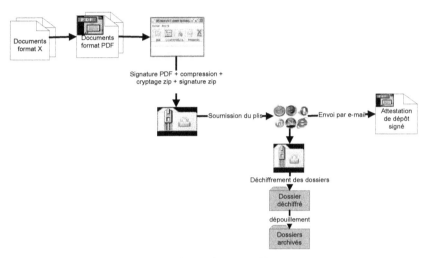

Figure 7 : flux dossiers de candidature

Enfin, un dernier schéma illustrant les échanges entre la plateforme et l'application SIMP. Les bases de données supportent le langage java. Des stub/proxy (programme java d'appel de web service) sont chargés dans la base de SIMP pour faire appel aux web services publiés par la plateforme. L'objectif est d'importer les données sur les candidatures ou d'exporter les données sur les avis d'appels d'offres créées dans SIMP.

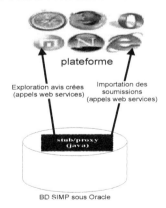

Figure 8 : flux des échanges SIMP-Plateforme

Dématérialisation des procédures de passation des marchés publics

6.2 – La vue statique de la solution

Le diagramme de use case décrit les fonctionnalités, les dépendances entre elles et les acteurs intervenant dans leur réalisation. Nous avons principalement trois acteurs : l'internaute, un administrateur de la CAO et un tiers de confiances.

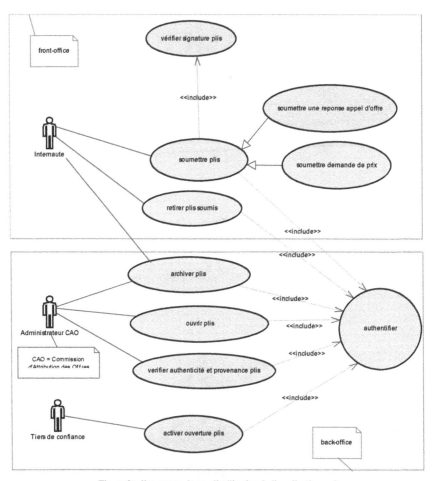

Figure 9 : diagramme de cas d'utilisation de l'application web

Dématérialisation des procédures de passation des marchés publics

Les objets manipulés par le système et qui peuvent faire l'objet de persistance en base de données sont représentés à travers le diagramme de classe ci-dessous.

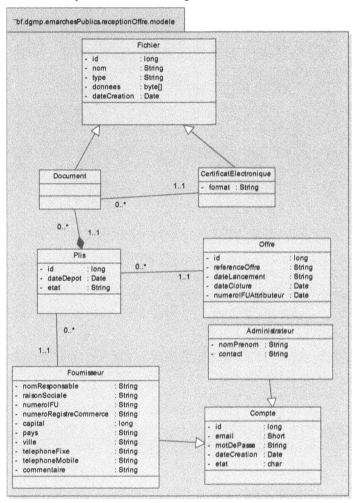

Figure 10 : diagramme de classe de conception

Dématérialisation des procédures de passation des marchés publics

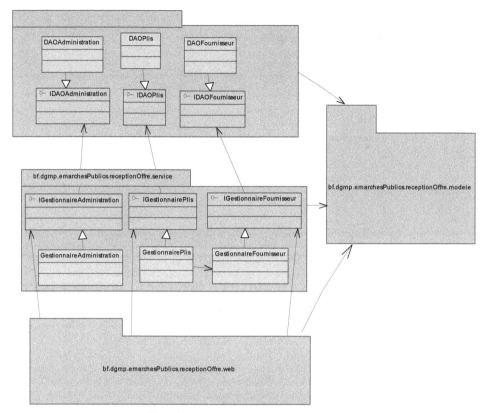

Figure 11 : diagramme de paquetage

Ce diagramme de paquetage prend en compte l'architecture retenue. Le couplage faible est mis en évidence à travers l'utilisation des interfaces.

Ci-dessous la structuration des paquetages dans l'IDE Eclipse.

- ▷ ⊞ bf.dgmp.emarchesPublics.receptionOffre.dao
- ▷ ⊞ bf.dgmp.emarchesPublics.receptionOffre.modele
- ▷ ⊞ bf.dgmp.emarchesPublics.receptionOffre.service
- ▷ ⊞ bf.dgmp.emarchesPublics.receptionOffre.service.ressources
- ▷ ⊞ bf.dgmp.emarchesPublics.receptionOffre.service.ressources.uicrypto
- ▷ ⊞ bf.dgmp.emarchesPublics.receptionOffre.web
- ▷ ⊞ bf.dgmp.emarchesPublics.receptionOffre.web.frontOffice.controle

Figure 12 : structuration des paquetages dans l'IDE

6.3 – L'architecture logicielle

L'architecture adopté est très largement admise comme efficace et est généralisable à n'importe quel projet Web. Elle a fait l'objet d'un tutorial écrit par M. Baptiste Meurant de la société Atos Worldline, publié le 3 mars 2007 sur le site developpez.com (voir http://baptiste-meurant.developpez.com). Nous l'avons réadapté en utilisant JSF, facelets et richFaces pour réaliser la couche de présentation.

L'architecture permet de séparer rigoureusement les trois couches (présentation, métier et données). Chaque couche ne connaît que les interfaces de la couche immédiatement inférieure. Le lien entre une interface et son implémentation est géré par Spring grâce à son moteur d'**Inversion de Contrôle (IoC)** et d'**injection de dépendances (IoD)**.

Couche web ou présentation : c'est le point d'entrée dans l'application au vue du l'utilisateur. Elle appelle les traitements de la couche service en fonction des actions effectuées par l'utilisateur et récupère les données retournées. Elle met ensuite en forme ces données pour les afficher. Cette couche est réalisée avec les frameworks JSF, facelets et richFaces de Jboss. L'accès à certaines ressources (pages xhtml) de cette couche est protégé par la fremework spring-security.

Couche Service : Cette couche contient la logique métier de l'application, elle organise et orchestre les accès à la couche d'accès aux données et ses aspects transactionnels. Ces différents aspects sont gérés et organisés par le framework Spring. Les traitements qui nécessitent l'ouverture de transaction sont gérés par Spring grâce à la programmation par aspect (AOP).

La couche DAO : elle publie des méthodes d'accès à la base de données de type *création*, *recherche* et *suppression* d'enregistrements. En bref, cette couche permet de récupérer des instances d'objets à partir d'enregistrement en base de données, de créer de nouvelles instances d'objets en créant les enregistrements en base de données ou de supprimer des instances existantes en supprimant les enregistrements en base de données. Elle est mise en œuvre avec le framework Hibernate et les annotations de la JDK 1.5.

Dématérialisation des procédures de passation des marchés publics

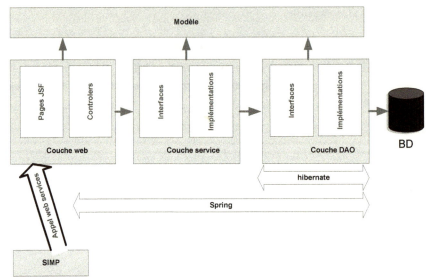

Figure 13 : architecture logicielle

7 – RESULTATS

A l'issue de nos travaux, nous avons pu réaliser une plateforme web pour la réception électronique des dossiers de soumissions aux appels d'offres et un outil de chiffrement et de signature de documents électroniques.

7.1 – La plateforme de dématérialisation

La plateforme offre les possibilités suivant :

- au niveau front-office :
    o la soumission de dossier de candidature à des avis d'appels d'offres à la concurrence (signé électroniquement) ou à une demande de prix par des fournisseurs, entreprises, partenaires ;
    o la réception par courrier électronique de notification des dépôts, des changements d'état des dossiers de candidatures (déchiffrement, ouverture plis, dépouillement) ;
    o la création d'un espace-soumissionnaire pour la gestion des soumissions aux avis et la communication entre la DGMP et les soumissionnaires.

- au niveau du back-office :
    o la gestion de l'ouverture des dossiers de candidature conformément à la réglementation (confidentialité, sécurité) ;
    o la gestion des comptes d'abonnement des soumissionnaires ;
    o l'échange de données avec le système SIMP existant via web-services.

Voir en annexe les écrans du front-office et back-office de la plateforme.

7.2 – L'outils de chiffrement-signature : UICrypto

L'article 119 de la nouvelle réglementation sur les marchés publics au Burkina Faso, exige l'utilisation d'outils à caractère non discriminatoire, couramment à la disposition du public et compatibles avec les technologies d'information et de communication généralement utilisées. Dans le souci de répondre à cette exigence, nous avons développé un outil de chiffrement et signature de documents électroniques. C'est une application Swing qui permet de signer et sécuriser un dossier de candidature en trois étapes :

- sélection de l'emplacement (répertoire) des fichiers à traiter ;

Dématérialisation des procédures de passation des marchés publics

- sélection du certificat électronique ;
- saisie du mot de passe pour le chiffrement et lancement de l'opération de signature-chiffrement.

Tous les documents sont d'abord signés, puis compressé. Le dossier compressé est chiffré puis signé. L'outil dispose d'option avancée pour déchiffrer, signer individuellement les fichiers, compresser, vérifier la signature ....

Les algorithmes de chiffrement et de compression utilisés sont des standards, les fichiers résultant d'UICrypto sont exploitables dans d'autres logiciels comme cryptonit et vise versa.

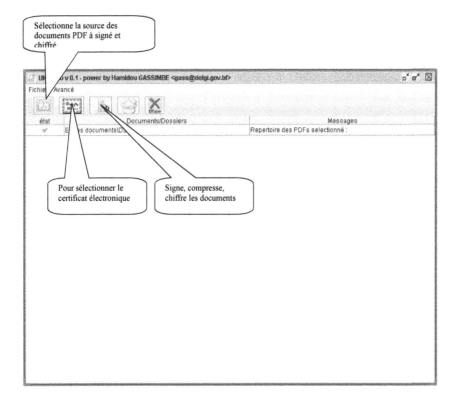

Figure 14 : outil UICrypto v0.1

Trouver en annexe d'autres écrans d'UICrypto.

CONCLUSION

Ce stage de fin de formation a atteint le principal objectif qui lui était assigné : raffermir nos connaissances théoriques dans le domaine des E-services par une expérience pratique.

En effet, les travaux réalisés au cours de ce stage nous ont été bénéfique tant au niveau technique qu'organisationnel. Nous avons ainsi pu approfondir nos connaissances de l' « approche objet » et du « framework » Hibernate mais aussi découvrir les nouveaux « framework » Spring et JSF et les API de cryptographie et de signature numérique.

Ce stage a été également le lieu d'acquérir de nouvelles méthodes de travail, une plus grande rigueur, un meilleur esprit d'organisation et une plus grande aptitude à l'auto apprentissage. Malgré quelques difficultés rencontrées dans les délais, ce stage apparaît comme une expérience réussie aux vus des résultats obtenus. En effet, la plateforme de « dématérialisation des procédures de passation des marchés publics », est entièrement réalisée conformément aux attentes qui étaient de :

- fournir aux soumissionnaires un outil de chiffrement et de signature électroniques des dossiers ;
- permettre de soumettre des dossiers chiffrés sur une plateforme en toute sécurité ;
- permettre l'ouverture des dossiers en introduisant un tiers de confiance pour le déchiffrement des offres ;
- permettre d'importer les candidatures vers un système externe : le SIMP.

GLOSSAIRE

Application web

Une application web est une application délivrée par un serveur web sur un réseau. Elle repose sur une architecture avec plusieurs niveaux (tiers) :

- niveau interface utilisateur ;
- niveau contrôle ou logique ;
- niveau données ;
- niveau « inter-niveaux » ou middleware.

Conteneur web

C'est un moteur d'exécution de JSP/Servlet coté serveur (exemple Apache Tomcat)

Servlet

C'est une classe java compilé (.class) qui s'exécute dans un conteneur web

JSP (Java Server Pages)

Une JSP est une page HTML contenant des morceaux de cote java et/ou des balises JSP spécifiques, permettant d'effectuer des traitements et d'intégrer des données, afin de générer dynamiquement des pages HTML.

Framework

Un framework (squelette d'application) est une structure logicielle qui définit un cadre dans lequel vient s'insérer les objets et concepts spécifiques à une application. En pratique, un framework est un ensemble de classes et de mécanismes associés à une architecture logicielle qui fournit un ou plusieurs services techniques ou métiers aux applications. Hibernate, Spring, JSF sont des frameworks.

Chiffrement

Le chiffrement, parfois appelé cryptage, est en cryptographie le procédé grâce auquel on souhaite rendre la compréhension d'un document impossible à toute personne qui n'a pas la clé de (dé)chiffrement.

REFERENCES

Bibliographie

- Benjamin AUMAILLE. J2EE Développement d'applications Web : Nantees : Editions ENI, 2002, 361 p. ISBN 2-7460-1656-7
- George Gardarin. XML : des bases de données aux services Web : Dunod, 2002, 521 p. ISBN 2 10 006933 0
- George Reese. Database Programming with JDBC and Java. Sebastopol : O'Reilly, 2000, 368 p.
- Ben Laurie, Peter Laurie. Apache La référence. 3ᵉ édition. O'Reilly, Paris, 2003, 585 p. ISBN 2-84177-255-X.

Sites et pages Internet

- http://www.dgmp.gov.bf
- http://www.finances.gov.bf
- http://www.springframework.org
- http://www.acegisecurity.org/
- http://www.springsource.com
- http://www.developpez.com
- http://www.sun.com
- http://java.sun.com/j2se/1.4.2/docs/tooldocs/windows/keytool.html
- http://ragingcat.developpez.com/java/outils/keytool/ui/
- http://java.sun.com/developer/technicalArticles/J2EE/jpa/
- http://tahe.developpez.com/java/jpa/
- http://java.sun.com/developer/technicalArticles/J2EE/jpa/
- ftp://ftp-developpez.com/tahe/fichiers-archive/jpa.pdf
- http://www.bouncycastle.org/latest_releases.html
- http://nyal.developpez.com/tutoriel/java/bouncycastle/bouncycastle.pdf
- http://java.sun.com/blueprints/corej2eepatterns/Patterns/DataAccessObject.htm
- http://www.jsftutorials.net/
- http://www.labo-sun.com/
- http://edouard.mossand.free.fr
- http://www.openssl.org
- http://www.hibernate.org

- http://www.jboss.org/jbossrichfaces/
- http://dotnetguru.org/modules.php
- https://facelets.dev.java.net
- http://www.revue-eti.net
- http://webgi.fil.univ-lille1.fr/portail/E-Services/Formation
- http://uml.free.fr/
- http://www.postgresql.org/
- http://fdigallo.online.fr/cours/uml.pdf
- http://tomcat.apache.org/
- http://www.telecom.gouv.fr/rubriques-menu/entreprises-economie-numerique/dematerialisation-marches-publics/28.html
- http://www.marches-publics.gouv.fr/
- http://www.guyane.marches.cci.fr
- http://www.marchespublics973.com/marchespublics/
- http://ws.apache.org/axis/
- http://www.minefi.gouv.fr/directions_services/daj/marches_publics/vademecum/vmde mat.htm

Dématérialisation des procédures de passation des marchés publics

ANNEXES

Ecrans de l'outils UICrypto

Les écrans illustres chronologiquement les opérations à effectuer pour préparation un dossier de soumission

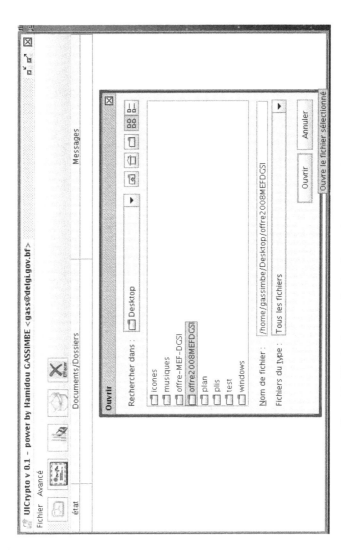

Figure 15 : Sélection du répertoire des plis pour signature et chiffrement

Dématérialisation des procédures de passation des marchés publics

Figure 16 : Sélection du certificat électronique

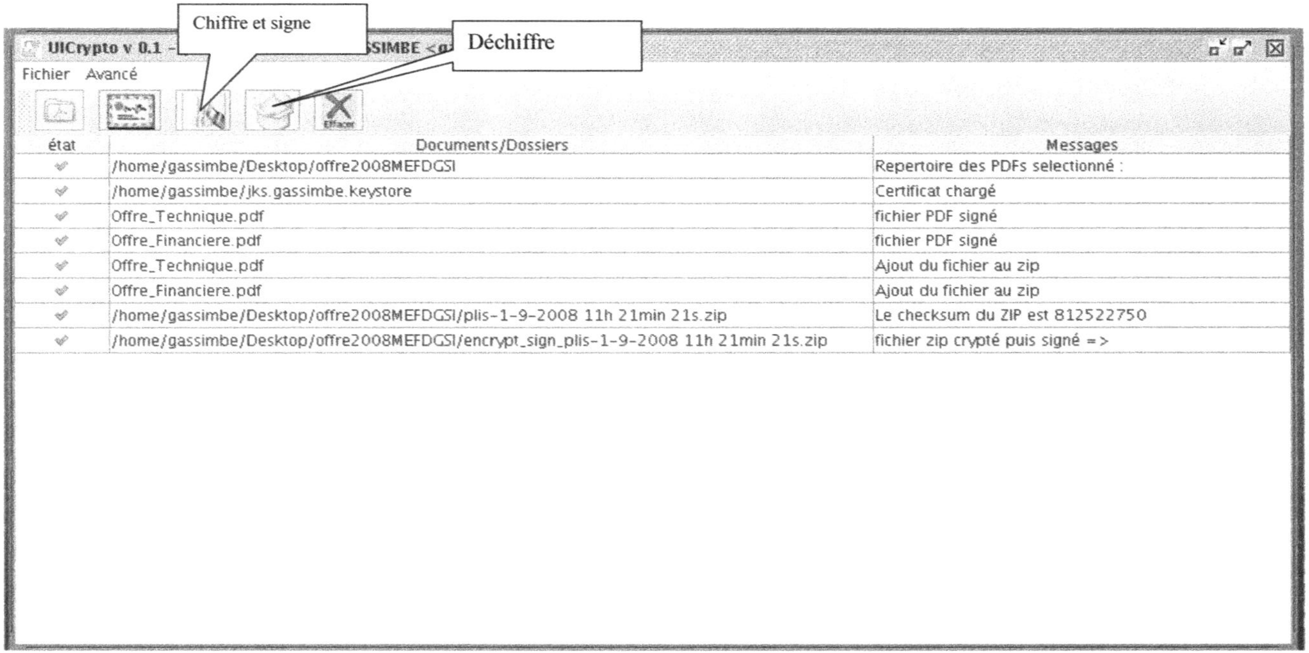

Dématérialisation des procédures de passation des marchés publics

Figure 17 : les messages après l'opération (signature + chiffrement)

Dématérialisation des procédures de passation des marchés publics

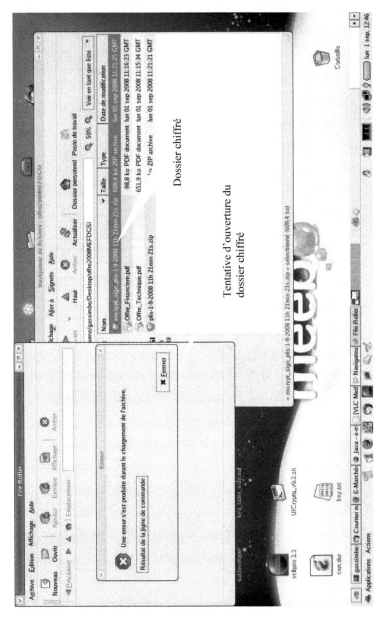

Figure 18 : les dossiers après signature et chiffrement

Dématérialisation des procédures de passation des marchés publics

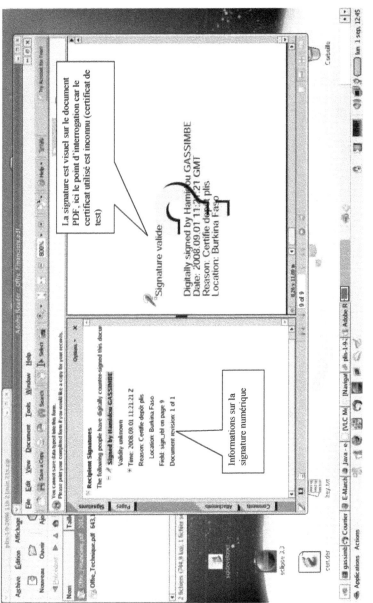

Figure 19 : un fichier PDF signé avec

Dématérialisation des procédures de passation des marchés publics

Ecrans de la plateforme de dématérialisation

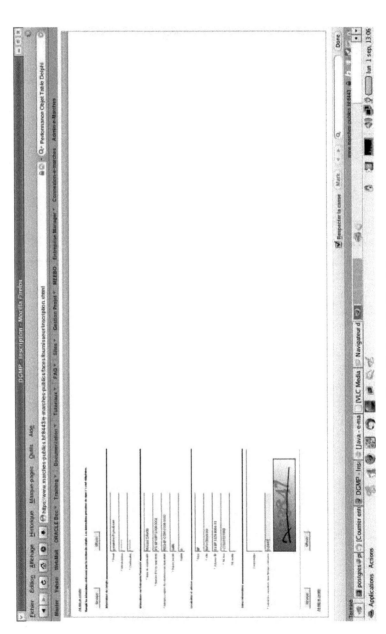

Figure 20 : formulaire d'inscription

Dématérialisation des procédures de passation des marchés publics

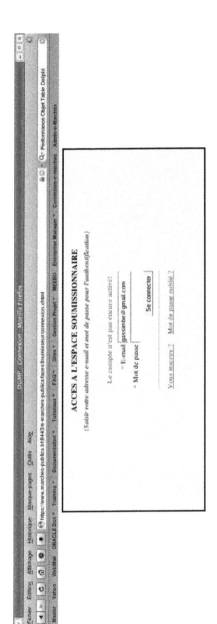

Figure 21 : écran de connexion pour soumissionnaire

Dématérialisation des procédures de passation des marchés publics

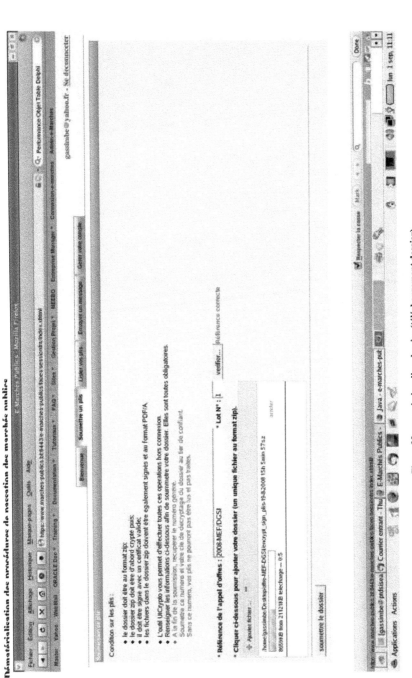

Figure 22 : soumission d'un dossier (téléchargement dossier)

Dématérialisation des procédures de passation des marchés publics

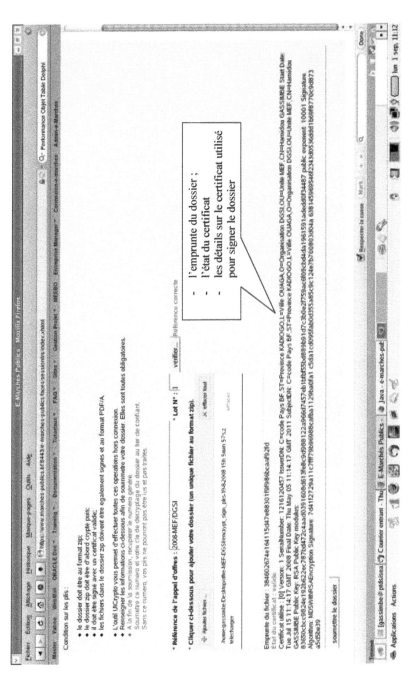

Figure 23 : soumission d'un dossier (après téléchargement du dossier)

Dématérialisation des procédures de passation des marchés publics

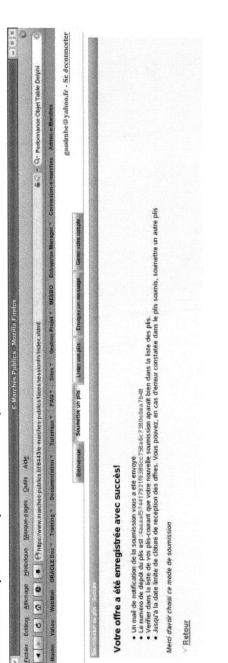

Figure 24 : écran confirmation dépôt

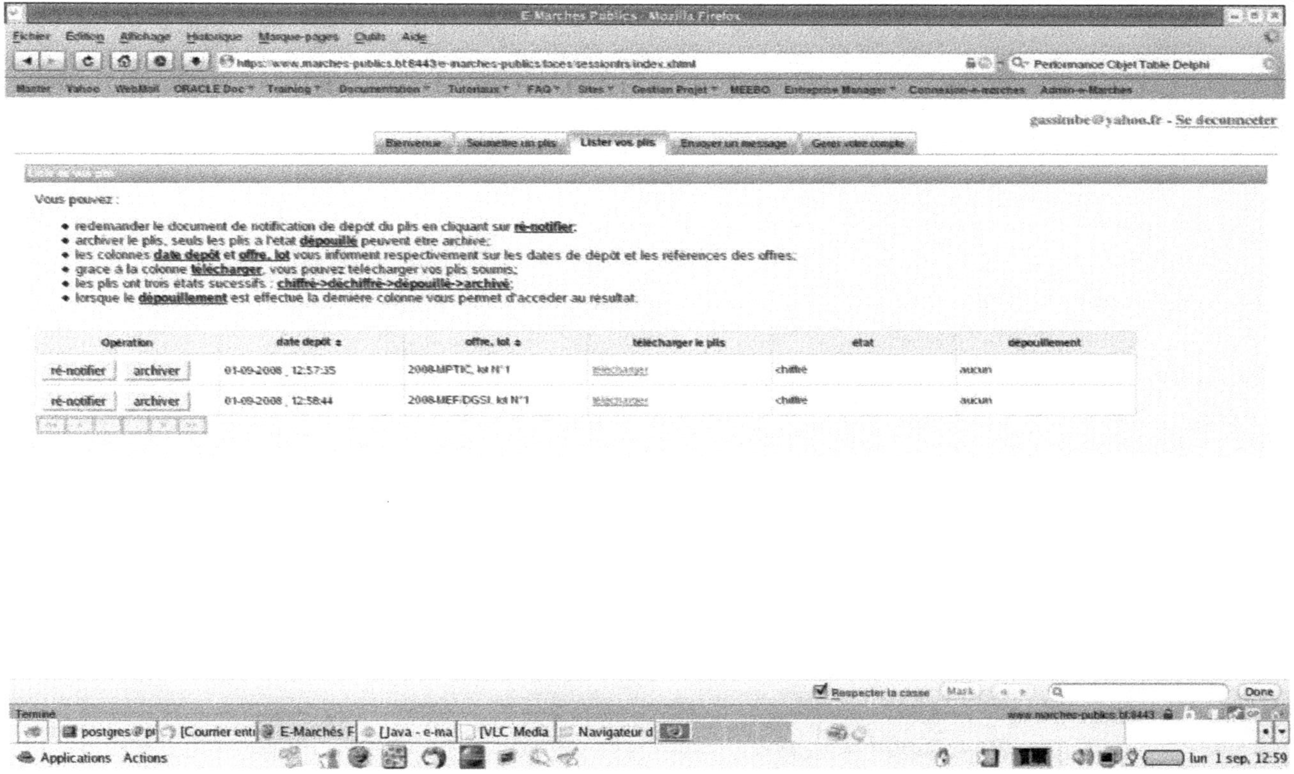

Dématérialisation des procédures de passation des marchés publics

Figure 25 : liste des dossiers du soumissionnaire

Dématérialisation des procédures de passation des marchés publics

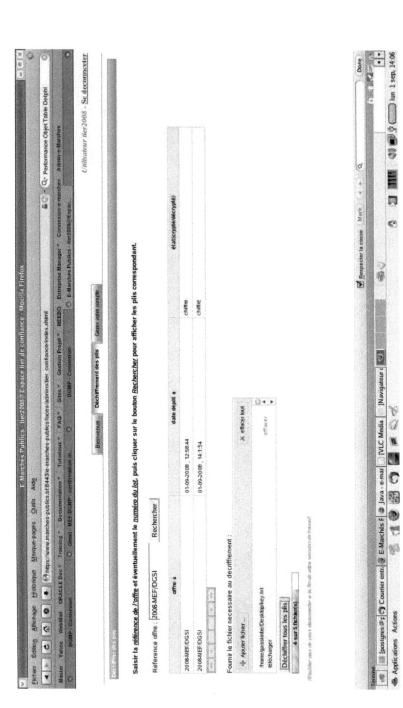

Figure 26 : soumission du fichier de déchiffrement des dossiers par le tiers de confiance

Dématérialisation des procédures de passation des marchés publics

Figure 27 : exportation des dossiers déchiffrés par l'administrateur

MoreBooks!
publishing

Oui, je veux morebooks!

i **want** morebooks!

Buy your books fast and straightforward online - at one of world's fastest growing online book stores! Free-of-charge shipping and environmentally sound due to Print-on-Demand technologies.

Buy your books online at
www.get-morebooks.com

Achetez vos livres en ligne, vite et bien, sur l'une des librairies en ligne les plus performantes au monde!
Sans frais de livraison et en protégeant nos ressources et notre environnement grâce à l'impression à la demande.

La librairie en ligne pour acheter plus vite
www.morebooks.fr

VDM Verlagsservicegesellschaft mbH
Dudweiler Landstr. 99   Telefon: +49 681 3720 174   info@vdm-vsg.de
D - 66123 Saarbrücken   Telefax: +49 681 3720 1749   www.vdm-vsg.de

www.ingramcontent.com/pod-product-compliance
Lightning Source LLC
LaVergne TN
LVHW042352060326
832902LV00006B/546